In der Schule

Vieles entdecken und tun – allein,
zu zweit oder in der Gruppe:

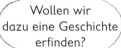

lesen

interviewen

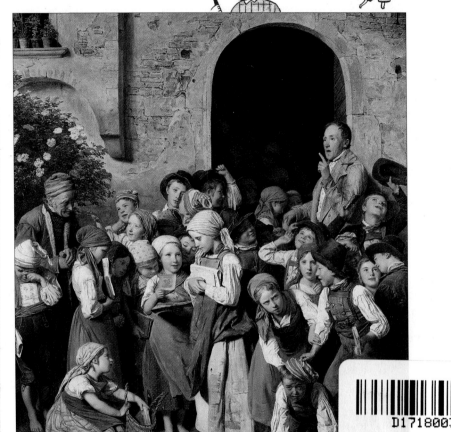

Ferdinand Georg Waldmüller: Nach der Schule

fotografieren

✎ Mich interessiert: ....

....

....

....

....

Miteinander entscheiden

1 So wurde an einer Grundschule ein Projekttag vorbereitet. Wie findet ihr das? Diskutiert darüber!

In der Grundschule am Lindenbach soll ein Projekttag stattfinden. Die Schulleiterin berät mit Lehrerinnen und Lehrern darüber. Sie einigen sich. Das Projekt heißt:

GESUNDHEITSKISTE

In einem Aushang benennt die Schulleiterin die Themen und Aufgaben für jede Klasse. Nun können sich die Schülerinnen und Schüler 14 Tage lang vorbereiten.

2 Zeigt, wie ihr im Schulalltag miteinander umgeht! Schreibt eine Situation auf (Text oder Stichpunkte):

Regeln für unser Miteinander

Das finden wir

3 Ergänze und beurteile:
* *zuhören*
* *sich beteiligen*

Stellt eure Situation für eine Diskussion vor!

Ein Vorhaben gemeinsam verwirklichen

1 Tragt hier Vorschläge für ein Vorhaben ein! Einigt euch über eines:

Wir könnten uns mit Kindern aus einer Förderschule treffen.

2 Beratet und notiert in einer Übersicht:
- was zum Vorhaben gehört (Treffen mit Kindern einer Förderschule: *Kontaktaufnahme, Zeitplan, Spiele, Gespräche, Interviews, Schulbesichtigung organisieren, …*),
- wer diese Aufgaben übernimmt,
- was jeder allein macht (**X**),
- was wir gemeinsam tun (**X**),
- Hilfsmittel, die wir nutzen, wie:

Ich frage Arco nach seinen Aufgaben. Er ist ein Blindenhund.

Dazu schreibe ich einen Artikel.

Aufgaben	Namen	X / X	Hilfsmittel

Seitenverweis zu LB *Entdecken • Erleben • Handeln 4*: S. 6/7

Aufmerksam auf dem Schulweg

Den Weg fahre ich zum ersten Mal.

Auf dem Weg kenne ich jeden Baum.

1 Schließe die Augen und konzentriere dich: Folge in Gedanken deinem heutigen Schulweg! Schreibe oder zeichne, was dir unterwegs aufgefallen ist – Verkehrszeichen, Straßennamen, Merkmale an Häusern, Baumarten, …

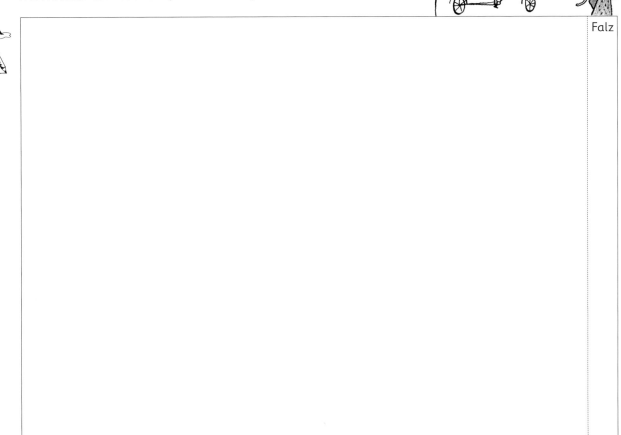

Falz

Berichtet einander, was ihr unterwegs schon öfter gedacht oder gefühlt habt!

2 Klebe am Falz ein Blatt auf! Skizziere darauf den Plan deines Schulweges in diesem oder auch im nächsten Schuljahr! Du kannst eintragen:
• die Route (zu Fuß, mit einem Fahrzeug),
• Verkehrszeichen für Fußgänger, Radfahrer,
• ....
• ....

Lege eine Legende an, zum Beispiel: _____ Straße 🚲 Radfahrer

4

Schule früher und heute

1 Seht euch diese Bilder aus einem alten Fotoalbum an! Wovon erzählen sie?

2 Befragt eure Urgroßeltern oder Großeltern nach ihrer Schulzeit :
• Schreibt Wichtiges unter „Schule früher" in die Tabelle!
• Schreibt eure Schulerfahrungen dazu („Schule heute")!
Vergleicht!

Unsere Fragen:
• Wie viel Kinder wart ihr in der 4. Klasse?

....

....

....

....

....

....

....

Schule früher	Schule heute

Ein Schulmuseum im Klassenzimmer

Ob mir meine Uroma den Ranzen aus ihrer Schulzeit leiht?

1 Im Schulmuseum werden Gegenstände und Bilder gezeigt und mit Texten erklärt. Versucht selbst eine Ausstellung zu organisieren! Forscht nach und schreibt auf, was ihr dazu beitragen könnt:

alte Schulgegenstände:

Bilder:

Texte:

2 Interessant ist auch, Klassenräume früher und heute zu vergleichen:

Ein Klassenraum vor etwa 100 Jahren

Hier könnt ihr ein Foto von eurem Klassenzimmer einkleben.

Gemeinsamkeiten	Unterschiede

6

Vom Schilfrohr zum Füller

1 Diese Schreibgeräte wurden zu unterschiedlichen Zeiten genutzt.
 • Versuche sie zeitlich zu ordnen: ① (früheste Erfindung), ②, ...!

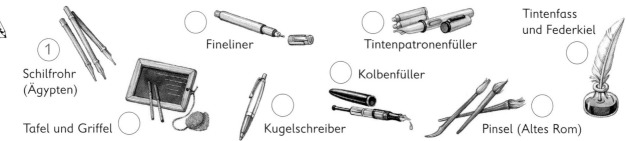

2 Schreibversuche mit Federkiel (oder Pinsel) und Tusche und mit dem Füller:
 • Vergleiche Aussehen und Aufbau beider Schreibgeräte und zeichne sie!
 • Schreibe dann jeweils mit dem Schreibgerät deinen Vornamen daneben!

 • Welche Vor- und Nachteile hast du bemerkt? Begründe:

 • Untersuche, auf welchem Papier du mit dem Füller gut schreiben kannst:
   Klebe die 4 Papiersorten auf und beschrifte sie wieder mit deinem Füller! Vergleiche!

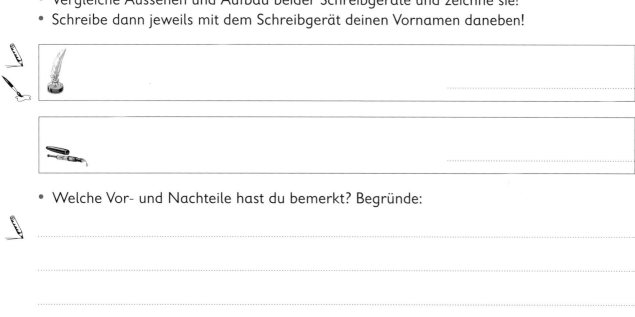

Im Herbst

Vieles entdecken und tun – allein,
zu zweit oder in der Gruppe:

Warum färben sich die Blätter rot, gelb und braun?

Lass uns ein Blätterkunstwerk gestalten!

sammeln

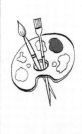

malen

✎ Das probiere ich im Herbst: ....
....
....
....
....

gärtnern

Herbstlicher Wald

1 Betrachte den Herbstwald und erzähle, woran du den Herbst erkennst!

Falz

2 Wähle einen Waldbewohner aus! Wie stellt er sich auf den nahenden Winter ein?
Notiere auf einem Extrablatt Stichpunkte und klebe das Blatt an den Falz!

3 Stelle den Waldbewohner in der Klasse vor!
Die anderen Kinder ergänzen.

4 Gestaltet eine Ausstellung zum Thema:

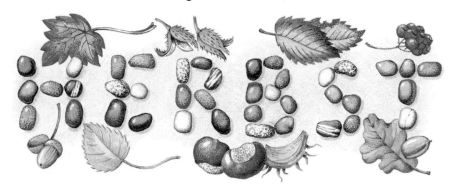

Den Herbst am Wasser erleben

1 Verweile an einem Gewässer einmal ganz still!
Nimm wahr, was deine Sinne spüren!

Das höre ich:

....

....

....

Das fühle ich:

....

....

....

Das rieche ich:

....

....

Das sehe ich:

....

....

2 Lies noch einmal deine Notizen!
Zeichne das Bild weiter! Versuche deine Eindrücke am herbstlichen Gewässer
mit Farben zu gestalten!

Streuobstwiesen im Herbst

1 Betrachte die Fotos genau! Vergleiche! Notiere Unterschiede:

Streuobstwiese

Obstplantage

....

....

....

....

2 Vermutet, warum Streuobstwiesen erhalten werden sollten!

 • Informiert euch in Büchern, im Internet oder befragt Fachleute, um eure Vermutung zu bestätigen oder noch einmal zu prüfen!

• Schreibt wichtige Argumente in die Abbildung:

Ein Rendezvous im Herbstgarten

Datum/Zeit für das
Rendezvous

....

Treffpunkt

....

Beete umgraben und winterfest machen

Kleine Steinhaufen oder Reisighaufen anlegen

Ich treffe mich heute Nachmittag mit dem Maulwurf.

Willst du ihn in Nachbars Garten locken?

1 Beratet, was ihr im Herbst im Schulgarten (Schulgelände) erleben und tun könnt!
Schreibt es in die Blüten!
Ladet mit solch einem Blüten-Aufruf andere Klassen zum Mitmachen ein!

Im herbstlichen Garten und Park

1 Ihr könnt das Gedicht lesen, vortragen, eine passende Musik dafür finden,
es pantomimisch gestalten, es illustrieren, eine Collage kleben oder....

Hoher Herbst

Kastanie fällt,
die Walnuss wird geschlagen.
Das nasse Obst:
In Körben heimgetragen!

Der Wind aus West,
der Regen treibt die Blätter.
Das Astwerk bricht
herab in schwerem Wetter.

Die graue Zeit
sinkt in den Nebeln nieder.
Die Kühle greift
den Vögeln ins Gefieder.

Nur Rabenschrei
verhallt in leeren Wäldern
beim scharfen Rauch
aus den Kartoffelfeldern.

Karl Krolow

Wünsche und Träume

1 Sammle Wünsche:
- Vermute, welche Wünsche die Menschen auf den Fotos haben! Schreibe sie in die blauen Kästchen!
- Frage Menschen in deiner Umgebung nach ihren Wünschen! Schreibe sie in die gelben Kästchen! Male dazu ihr Bild oder klebe ihr Foto (Kopie) ein!

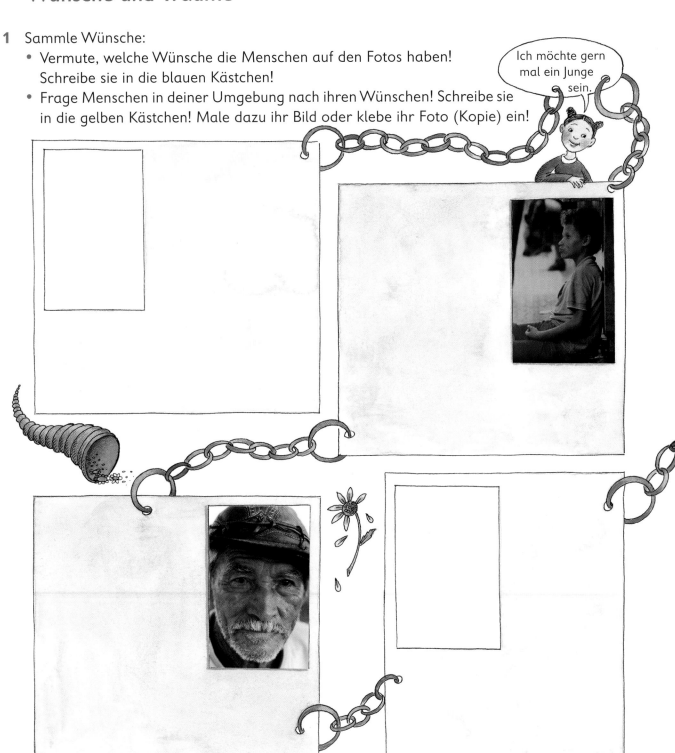

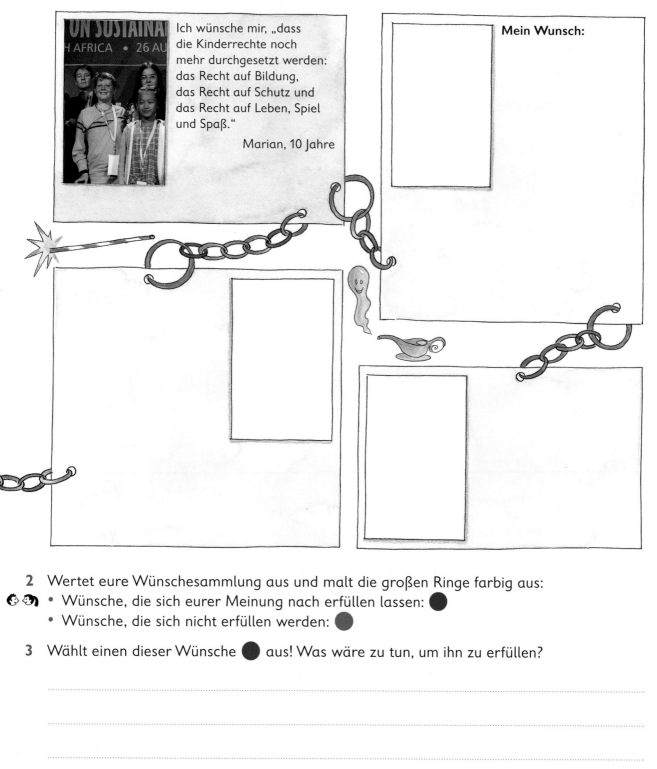

Ich wünsche mir, „dass die Kinderrechte noch mehr durchgesetzt werden: das Recht auf Bildung, das Recht auf Schutz und das Recht auf Leben, Spiel und Spaß."

Marian, 10 Jahre

Mein Wunsch:

2 Wertet eure Wünschesammlung aus und malt die großen Ringe farbig aus:

- Wünsche, die sich eurer Meinung nach erfüllen lassen: ●
- Wünsche, die sich nicht erfüllen werden: ●

3 Wählt einen dieser Wünsche ● aus! Was wäre zu tun, um ihn zu erfüllen?

....

....

....

....

Miteinander leben

Vieles entdecken und tun – allein,
zu zweit oder in der Gruppe:

Das tu ich gern für dich.

Und das ich für dich.

miteinander
reden

schneiden,
kleben

spielen

✎ Darüber denke ich nach: ....

....

....

....

....

Ich und du

1 Spannender Rollentausch:
- Die Jungen schreiben ihre Namen auf blaue, die Mädchen auf rote Zettel. Diese werden eingesammelt und gemischt.
- Die Mädchen ziehen möglichst einen blauen, die Jungen einen roten Zettel.
- Stelle dir vor, du wärst diese Person!
- Schreibe über sie in der „Ich-Form"!

Ich tolle gern herum und ärgere mich immer, wenn ich zu Hause bleiben muss.

Ich bin .... alt.

Ich mag in der Schule die Fächer ....

In der Freizeit spiele ich gern ....

Meine Freunde heißen ....

Ich finde .... gut, weil ....

....

Ich bin traurig ....

....

Ich ....

....

....

2 Lies vor! Alle raten: Wer könnte „Ich" sein?
Trage hier den Namen der erratenen Person ein: ....

Miteinander lernen und leben

1 Für das gemeinsame Lernen an Stationen können sich jeweils 3–5 Kinder Aufgaben ausdenken: Ergänzt zuerst die 3 Vorschläge! Probiert sie danach aus! Achtet darauf, dass alle Kinder beteiligt sind!

Das bereiten wir vor:
- Wir wählen ein Thema.
- Jeder sucht dazu ein Bild und klebt es auf ein DIN-A4-Blatt.

So gehen wir vor:
- Aus der Bildersammlung zieht jeder ein Bild und schreibt dazu Stichpunkte auf ein Blatt!
- Diese ordnen wir zu einem Bericht.

So stellen wir die Ergebnisse vor:
- Jeder steht mit seinem Bild vor der Klasse. Einer berichtet dazu.

Das werten wir in der Gruppe aus:
- Passen Thema und Bilder gut zueinander?

....

....

....

....

....

Das bereiten wir vor:
- Wir stellen einen Stuhlkreis auf.
- Wir wählen 2 Preisrichter.

So gehen wir vor:
- Jeder schreibt Stichpunkte für eine lautstarke Schulgeschichte auf und markiert Stellen, an denen das Publikum Geräusche nachahmen kann.
- Wir verbinden die besten Ideen zu unserer Geschichte.

So stellen wir das Ergebnis vor:
- Ein Kind erklärt dem Publikum, dass es der Geschichte zuhören und bei Handzeichen Geräusche nachahmen soll. Dann trägt es die Geschichte vor.

Die Preisrichter finden:
- die originellsten Einfälle für Geräusche,

- ....

- ....

- ....

Das legen wir bereit:

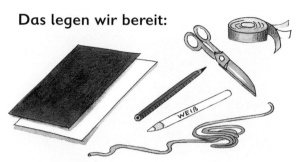

3 Eine Scherenschnitt-Galerie

So gehen wir vor:
* Jeder stellt von einem Kind der Gruppe ein Scherenschnitt-Porträt her und klebt es auf das weiße Blatt.

Das werten wir in der Gruppe aus:

....

....

....

So stellen wir die Ergebnisse vor:

* ....

* ....

* ....

2 Hier könnt ihr eure Idee aufschreiben und zeichnen.

4

3 Wie setzt ihr sie um? Erklärt den anderen Gruppen eure Aufgabe!

4 Wählt in der Klasse die Aufgaben aus, die alle lösen sollen!

So ein Streit

1 Beratet und tragt in das Netz ein, worüber ihr in der Klasse am häufigsten streitet!

2 Jeder schreibt eine Streitgeschichte auf:

Worum ging es
im Streit?

Was taten die
Beteiligten?

Wer war
beteiligt?

Lest euch eure Geschichten vor!

3 Findet zu den Geschichten Antworten
auf die Fragen im Kreis!
Jeder trägt die dazu passenden Stichpunkte ein!

4 Wie Konfliktlotsen bei einem Streit helfen können, zeigen die Texte und Bilder:
- Nummeriere die richtige Reihenfolge des Textes! Ordne die Bilder zu!
- Erläutere das Vorgehen der Konfliktlotsen!
- Du kannst die Seite auch kopieren, Texte und Bilder ausschneiden und in der richtigen Reihenfolge zusammenkleben.

> Streit schlichten ist hilfreich.

Die Konfliktlotsen und die Streitenden vereinbaren die beste Lösung schriftlich. Alle unterschreiben den Vertrag.

Die Konfliktlotsen fragen die Streitenden nach ihren Gefühlen und Bedürfnissen, damit alle den Streit besser verstehen können.

Jeder der Streitenden erzählt den Streit aus seiner Sicht.

Die Konfliktlotsen begrüßen die Streitparteien. Sie erklären ihre Aufgabe und den gemeinsamen Gesprächsverlauf.

Die Streitenden suchen selbst nach Lösungen. Die Konfliktlotsen schreiben die Ideen auf.

5 Übt das „Streitschlichten" in einem Rollenspiel.

21

Im Winter

Vieles entdecken und tun – allein,
zu zweit oder in der Gruppe:

Wie viel wiegt
ein Schneeball?

Und wenn er schmilzt,
wiegt dann das Wasser
genauso viel?

beobachten

lesen

betrachten,
zeichnen

✏ Das kann ich im Winter lesen: ....

....

....

....

....

Tiere im Winterwald

1 Versuche die Tiere zu entdecken! Benenne sie!
Ordne die Spuren und Fährten durch farbige Pfeile zu!

2 Erforsche, wie diese Tiere im Winter leben! Schreibe deine Ergebnisse auf!

Toll,
ein Winterrätsel!

3 Suche ein Bild von einem Waldtier! Klebe es auf ein Kärtchen!
Wie überwintert das Tier? Schreibe die Antwort auf die Rückseite
des Kärtchens, ohne den Tiernamen zu nennen!

Der Giersch

1 Lies den Text!

Im Sommer steht der Garten voll Giersch.
Er überwuchert die Bohnbeete.
Wir mögen ihn nicht und reißen ihn heraus.
„Immer der Giersch, ein zähes Unkraut,
der Giersch!" Der Winter kommt,
der Winter geht. Zwölf Wochen lang Schnee.
Die Augen warn seines Glanzes müde.
Eines Mittags kommt schüchtern die Sonne.
Leise leckt sie den Schnee vom Staket.
Und was steht dort im Schutz der Latten?
Kleine Blätter, gekrümmt noch: der Giersch.
Wir wundern und freuen uns: Bald kommt
der Frühling. „Saht ihr den Giersch?
Der Giersch ist schon da!"

Erwin Strittmatter

Schreibe auf, was der Schriftsteller über den Giersch erzählt!

Giersch im Winter/Vorfrühling: Giersch im Sommer:

....

....

....

....

2 Erkunde: Wo lebt der Giersch im Winter?

....

....

....

....

Ja, ja, Unkraut vergeht nicht.

Ist das denn nur eine Geschichte von Pflanzen?

Winterbeobachtungen am Wasser

1 Still ruht der See. Doch überall regt sich Leben.
Klebe die Bilder von S. 79 hier an richtiger Stelle auf!
Erzähle, wie die Pflanzen und Tiere im Winter im und am See leben!

2 Wähle eine Pflanze oder ein Tier aus und beschreibe:

Name: ....

Merkmale: ....

....

Lebensweise im Winter: ....

....

....

Vom Menschen

Vieles entdecken und tun – allein,
zu zweit oder in der Gruppe:

Dafür kann ich das Einmaleins rückwärts.

Und ich würde gern schnuppern können wie du.

wahrnehmen

sich bewegen

Das möchte ich gern können: ....

....

....

....

....

sich wohl
fühlen

Veränderungen beobachten

1 Sieh Fotos von dir aus unterschiedlichen Lebensjahren an!
Ergänze im Zeitstrahl deine Lebensjahre! Fasse zusammen: So habe ich mich verändert.

1

Alter

....

....

....

....

2 In den nächsten Jahren wird sich dein Körper stark verändern.

Finde dafür treffende Wörter: ....

....

.... Beschreibe die Veränderungen!

3 Klebe hier die Fotos von Seite 79 in der richtigen Reihenfolge auf!
Versuche den Zeitstrahl zu gestalten!

Alter

Denke über die Fotos nach! Sprich darüber, wie sich diese Frau verändert hat!

Was mein Körper leistet und braucht

1 Beobachte einen Tag lang, was dein Körper von Kopf bis Fuß leistet! Schreibe es auf:

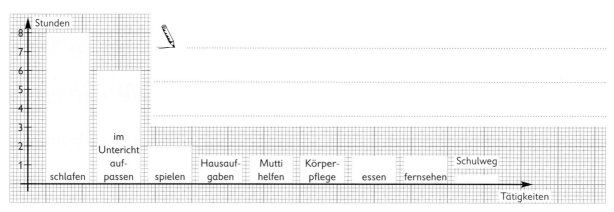

....

....

....

....

....

....

2 So sah Luzies Leistungsdiagramm am Montag aus. Was erfährst du?

Stunden

8 – 7 – 6 – 5 – 4 – 3 – 2 – 1 –

schlafen | im Untericht auf- passen | spielen | Hausauf- gaben | Mutti helfen | Körper- pflege | essen | fernsehen | Schulweg | Tätigkeiten

....

....

....

3 Beobachte einmal deinen Tagesablauf! Gestalte dein Leistungsdiagramm am:

Stunden

8 – 7 – 6 – 5 – 4 – 3 – 2 – 1 –

Tätigkeiten

 Vergleicht eure Leistungsdiagramme und diskutiert darüber!

4 Hier kannst du mit Wörtern und Bildern – auch aus Zeitungen – eine Collage zum Thema „Was mein Körper leistet und braucht" gestalten.

Sch○nk ○ir ein Lie○kosew○○t,
dann f○iegen mei○e S○r○en f○○t.   Monika Ehrhardt

5 Zu deiner Collage passt der Vers. Ergänze die fehlenden Buchstaben!

Den Körper pflegen – auf sich achten

1 Schätze dich selbst ein, kreuze an und ergänze:

	Oft	Ab und zu	Nie	Andere Antwort
Ich putze mir die Zähne.				
Ich kaue an meinen Nägeln.				
Ich trage meine Brille/Zahnspange.				
Ich nasche.				
Ich sitze beim Schreiben gerade.				
Ich kleide mich wettergerecht.				

Notiere, was du unbedingt verändern möchtest:

Meine Vorsätze:

....

....

....

....

....

2 Wohlfühlwörter sind Erinnerungshilfen für eure guten Vorsätze. Findet solche Wörter! Schreibt sie nach diesem Muster auf ein Extrablatt!

Diskutiert, was eure Wörter mit dem Wohlfühlen zu tun haben!

3 „Struwwelpeter" von heute: Findet sie und kreuzt sie an!

4 Schreibe eine „Struwwelpeter"-Geschichte von heute, vielleicht auch Verse!
Oder zeichne einen Comic!

Menschen helfen Menschen

1 Viele Menschen brauchen Hilfe. Finde dafür Beispiele!
Du kannst schreiben, zeichnen, Bilder und Zeitungsberichte einkleben.

2001 gab es in Deutschland etwa 396 000 Anzeigen wegen Körperverletzung.

Jährlich suchen in Deutschland etwa 6 Millionen Kinder Rat.

1999: Etwa 2 Millionen Menschen in Deutschland sind pflegebedürftig.

2 Tauscht euch in der Gruppe über eure Ergebnisse aus!

3 Wer kann helfen?

Suche in Ortszeitungen, im Internet, in Apothekenzeitschriften, im Videotext, …!

Sammle hier Anzeigen, Adressen und Telefonnummern:

4 Wählt gemeinsam die wichtigsten Helfer für Kinder aus und gestaltet diese Pinnwand!

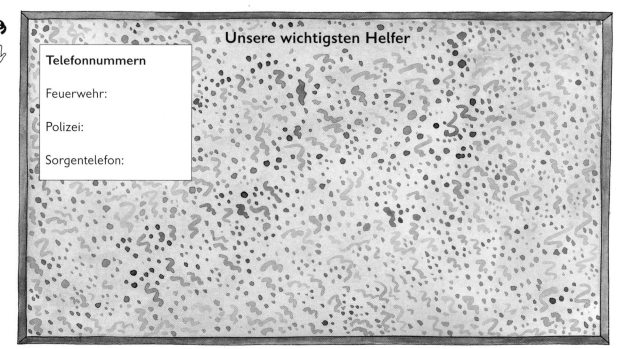

Unsere wichtigsten Helfer

Telefonnummern

Feuerwehr:

Polizei:

Sorgentelefon:

Kreuz und quer durch Brandenburg

Ich möchte unser Land mal von oben sehen.

Vieles entdecken und tun – allein, zu zweit oder in der Gruppe:

Ich bleibe lieber nah dran.

unterwegs sein

Karten nutzen

Darauf bin ich neugierig: ....

....

....

....

....

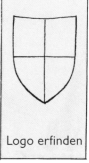

Logo erfinden

Eine Karte des Landes Brandenburg gestalten

1 Findet heraus, was euch die Landeskarte im Atlas über euer Land mitteilt!

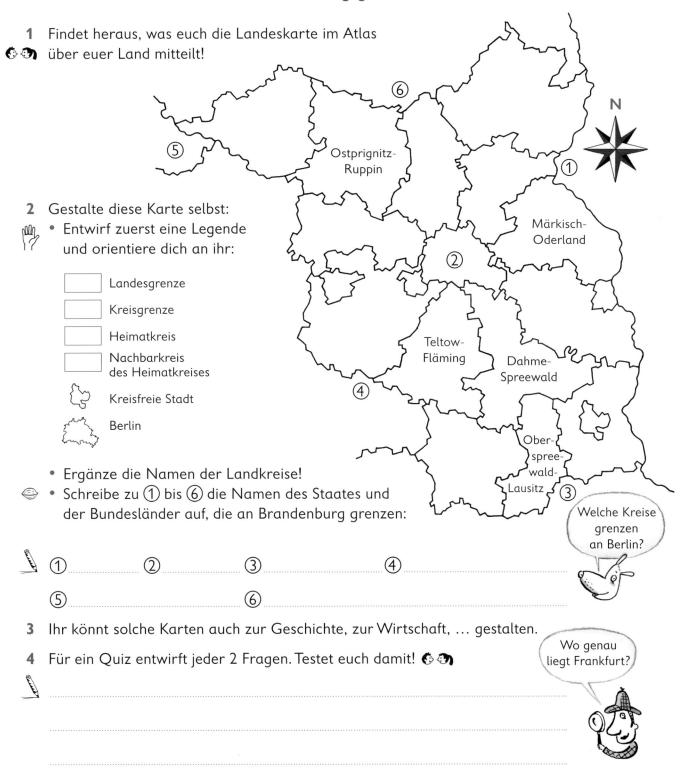

2 Gestalte diese Karte selbst:
- Entwirf zuerst eine Legende und orientiere dich an ihr:

	Landesgrenze
	Kreisgrenze
	Heimatkreis
	Nachbarkreis des Heimatkreises

  Kreisfreie Stadt

  Berlin

- Ergänze die Namen der Landkreise!
- Schreibe zu ① bis ⑥ die Namen des Staates und der Bundesländer auf, die an Brandenburg grenzen:

① .... ② .... ③ .... ④ ....

⑤ .... ⑥ ....

Welche Kreise grenzen an Berlin?

3 Ihr könnt solche Karten auch zur Geschichte, zur Wirtschaft, … gestalten.

4 Für ein Quiz entwirft jeder 2 Fragen. Testet euch damit!

Wo genau liegt Frankfurt?

....

....

....

Landschaften und Gewässer vergleichen und ordnen

1 Ergänze:
Wasser und E..............
gestalteten vor langer Zeit
als erste Baumeister typische
Landschaftsformen in Brandenburg,

wie E.............., H..............

B.............., Gewässer.

Die Menschen veränderten die Landschaft
durch Städtebau, Industrie und Landwirtschaft.
Informiere dich im Atlas und ergänze die Karte und die Übersicht:

Landschaftsname	Natürliche Besonderheiten	Erhebungen
① Uckermark	Hügelland, Seen, Moore	Telegrafenberg
②		
③		
④		
⑤		
⑥		
⑦		
⑧		

2 Informiert euch über eine Brandenburger
Landschaft! Wählt Interessantes aus
und berichtet davon!
☆ Oder ihr gestaltet ein Landschaftsporträt.

Seen zum Verweilen   Alleen

Stadtansichten   Was hier wächst und gedeiht

Die Tierwelt   Berühmtheiten   ...

3 Eine Flaschenpost schwamm von Spremberg nach Wittenberge. Sie enthielt eine Karte und eine Nachricht:

W

H

Elbe

R

B

B

F

P

Meine spannende Reise führte über 3 Flüsse und durch ★ Bundesländer. Zuerst schwamm ich auf dem Fluss ★ durch das Bundesland ★. Der fließt ★ km durch dieses Land. Unterwegs durchquerte ich die Talsperre ★ und viele Seen. Ich kam an kleinen und an großen Städten vorbei.

L

Verfolge die Reise im Atlas! Lies den Text vollständig vor!
Schreibe Reisestationen (Seen, Flüsse, Städte) in die Karte!

4 Beschreibe dein Lieblingsgewässer im Land Brandenburg:

C

T

S

....

....

....

....

....

....

▬▬▬	Fluss
🔷	See
✦ •	Stadt

Lies den Text vor!
Lass andere dein Gewässer auf der Karte Brandenburg zeigen!

Wir erkunden „Naturwunder"

1 Informiere dich über eines dieser Brandenburger „Naturwunder"! Berichte davon!

Wurzelfichte – Buckow

Stein – Rauener Berge

Fließ – Spreewald

Trage die Standorte von ①, ②, ③ in die Karte ein!

2 Suche in der Nähe etwas, das für dich ein „Naturwunder" ist!
Es kann auch klein sein. Trage dafür Standort ④ in die Karte ein! Stelle es hier vor:

Mein „Naturwunder" ④	Ein Bild
Fundort:	
So sieht es aus:	

3 Wo findest du in deiner Umgebung dieses Zeichen? Erzähle, was du dort
vorgefunden hast! Du kannst Standort ⑤ in die Karte eintragen. ⑤ [Naturdenkmal]

Über Verkehrswege diskutieren

1 Wie du vom Wohnort aus andere
Orte erreichst, zeigen dir Verkehrskarten.
Welche Verkehrswege findest du
in dieser Karte? Schreibe die Legende!

2 Du willst an einen selbst gewählten Zielort
gelangen. Du kannst so vorgehen. Notiere:
- Wohnort (WO) in der Karte farbig
  markieren oder einzeichnen –

WO: ....

- Zielort (ZO) bestimmen,

ZO: ....

- Entfernung messen (Messleiste) –

Entfernung WO – ZO: .... km

- Lage des Zielortes zum Wohnort bestimmen –

Lage ZO zum WO: ....

- Verkehrswege/Verkehrsmittel wählen:

....

....

Fahrzeit schätzen: ....

0   50
km
Maßstab

▨ *Autobahn*
☐ ....
☐ ....
☐ ....
☐ ....

3 Diskutiert Vorteile und Nachteile eurer Verkehrsverbindungen!

4 Beurteilt Verkehrswege im Schulort! Entwickelt die Tabelle weiter und notiert:

Verkehrsweg	Zustand	
	😐	
	😐	
	😐	

Erst informieren,
dann diskutieren,
und dann …

Auf Zeitreise gehen

1 Das Land Brandenburg hat eine lange Geschichte. Informiert euch
 im Heimatort oder in nahen Orten über ein Beispiel! Wählt aus:

  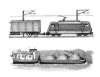

Ortsgeschichte   ein Bauwerk   ein Verkehrsmittel   eine Person

Was habt ihr herausgefunden?

 Ort: Zeit:

Unser Beispiel:

Unsere Quellen:

Das Beispiel ist interessant, weil

2 Informiert andere Gruppen über Ereignisse! Hört auch ihnen zu!
 Schreibt Jahreszahlen und Ereignisse, die ihr wichtig findet, in den Zeit-
kalender! Ihr könnt auch einen großen Zeitstrahl mit Bildern gestalten.

Sagensammler

Was ist eine Mumie?

1 Sucht in Büchern, Kalendern, Zeitungen oder im Internet Sagen
aus Brandenburg und legt eine Sammlung an! Ihr könnt damit Rätsel,
Spiele oder Aufgaben gestalten: auf Karteikarten, in einem Sagenbuch, …

① Wer war es?

In der Dorfkirche Kampehl bei Kyritz
befindet sich die bekannteste Mumie
im Osten Deutschlands. Als man
1794 die Särge öffnete, fand man
die unverweste Leiche des Ritters

....

① Wovon erzählt die Sage?

....

....

....

② Wo erzählt man sich diese Sage?

In diesem Moment teilte
sich das Wasser.
Mit donnerndem Krähen
betäubte der rote Hahn
den Fischer und zog ihn in die Tiefe

des .... sees.

Klebe hier
einen Karten-
ausschnitt auf!

② Mein Bild zur Sage:

③ Wie der Spreewald entstand

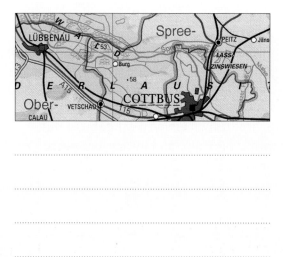

....

....

....

....

....

....

....

....

Die Landeshauptstadt Brandenburgs –

1 Schreibe zur Orientierung einige Namen von Seen, Straßen, Parks, Brücken in den Plan! Nimm den Atlas zur Hilfe! Gestalte das Wappen farbig!

2 Finde dich zurecht! Ergänze mithilfe eines Stadtplans die Legende:

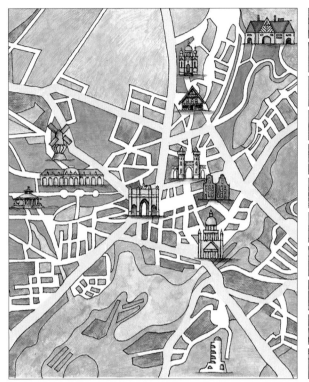

Schloss

3 Wählt ein historisches Bauwerk aus, das euch interessiert! Erkundet es! Schreibt das Wichtigste in einen Steckbrief (DIN A4)!

Gebäude-Steckbrief:

Name: Standort:

Gebaut von/bis: Baumeister:

Zweck früher: Zweck heute:

Besonderheiten:

4 Forscht weiter zur Landeshauptstadt:
- Schreibt hier einige Sachgebiete auf,
- wählt eins aus und informiert euch,
- dokumentiert die Ergebnisse!

Verkehr

Kultur

Eine köstliche Knolle

1 In Brandenburg werden auch Kartoffeln angebaut. Erkunde, was aus ihnen hergestellt wird: ....

....

2 Diese Kartoffelgeschichte erzählten alte Brandenburger. Willst du sie verstehen, so

- lies den Text,
- ergänze die Wörter aus dem Kartoffelkorb,
- unterstreiche Unbekanntes,
- frage nach,
- beschrifte die Abbildung der Kartoffelpflanze und male sie aus!

300 · Südamerika · Geschmack · Bauern · Kartoffel · Friedrich II · bewachen · Europa · List

Einst brachten spanische Seefahrer die Kartoffel aus ....

nach .... Doch bis vor etwa .... Jahren wollte niemand

diese „Erdäpfel" essen. Was der Bauer nicht kennt, isst er nicht. Jedoch der König von

Preußen, ..., erkannte den Wert der ....

für die Ernährung der Menschen. So griff er zu einer .... Er ließ seine Kartoffel-

felder tagsüber von Soldaten scheinbar streng .... Doch die

schlauen .... schlichen sich nachts heimlich auf die Felder, stahlen

körbeweise die Knollen und brachten sie auf ihren Feldern in den Boden. So kamen

die Menschen doch noch auf den .... Genau das aber wollte

der „Alte Fritz" erreichen.

Von interessanten Leuten

Vieles entdecken und tun – allein,
zu zweit oder in der Gruppe:

Ich finde Clowns toll …

… und ich Erfinder.

Sie war die berühmteste Töpferin und die älteste Unternehmerin Deutschlands. 67 Jahre lang, noch mit 90 Jahren, leitete HB, wie auf ihren Vasen, Kannen und Töpfen zu lesen war, ihren Marwitzer Betrieb. **Er** wollte seinen Landsleuten zeigen, dass es in „der Mark Brandenburg auch historische Städte, alte Schlösser, schöne Seen, landschaftliche Eigentümlichkeiten und … tüchtige Kerle gebe." **Sie** erkämpfte bei Ruderweltmeisterschaften 9 Goldmedaillen. Dafür wurde sie mehrmals Brandenburger Sportlerin des Jahres. **Er** war ein geplagter Mann. Stets liefen ihm Kinder nach, verspotteten ihn und erfanden ein Spottlied mit 14 Strophen. Heute ist er ein Original. **Er** war Gärtner, lernte in ganz Europa und wurde ein berühmter Gartenarchitekt. Er gestaltete Gärten, Parks, Inseln, gründete eine Schule für Gärtner und ließ eine Baumschule anlegen. Woher sein Spitzname „Buddel-Peter" wohl kommt?

konstruieren und bauen

musizieren oder gestalten

nachforschen, dokumentieren

Das sind meine Fragen an: ....

....

....

....

Gesucht wird

1 Findet heraus, wer hier gesucht wird! Ordnet den Lebensstationen
die Abbildungen zu: ①, …! Informiert euch in Büchern! 👄
Ergänzt die Überschrift und den Steckbrief! Erzählt von ihrem Leben!

Steckbrief:

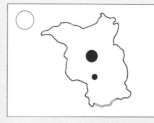

❶ Aus ihrer Kindheit und Jugend:
  • geboren: 4. 4. 1785 in Frankfurt/M.,
  • lernt an einer Klosterschule –
    sie malt, modelliert, musiziert,
    schreibt und erlernt Handarbeiten,
  • mit 12 Jahren Waisenkind, lebt bei
    Pflegeeltern und bei der Großmutter,
  • Der Bruder Clemens, ein Dichter,
    war ihr Vorbild.

❷ Im Jahre .... heiratete sie

....

Er war ....

Er und Clemens gaben die Sammlung
„Des Knaben Wunderhorn" heraus.

❸ Wichtige Lebensorte:

  • ....

  • ....

❹ Die Vorderseite dieses Geldscheines
zeigt sie mit 24 Jahren. Es ist ein

5-...............-Schein, der von .... bis

.... gültig war. Auf diese Weise
würdigte die Bundesrepublik Deutsch-
land diese bedeutende Frau.

❺ Die Schriftstellerin und Dichterin trat
für die Rechte der Frauen und
der Armen ein und kämpfte gegen Not,
Ungerechtigkeit und jede Form
der Unterdrückung.
Berühmte Persönlichkeiten waren ihre
Freunde, die Märchensammler Jakob

und Wilhelm .... oder auch
der Dichter Johann Wolfgang von

....

Sie starb mit .... Jahren.

Seitenverweis zu LB *Entdecken • Erleben • Handeln 4*: S. 90–93

Der „Eulenvater"

1 So findet ihr den Namen des Eulenvaters: Schreibt die
Anfangsbuchstaben der Lösungswörter in die Kästchen!

1 Vogel, heißt wie sein Ruf **2** größte einheimische Eule
3 Pflanze/Märchenfigur mit langem Haar **4** gefährliche
Tierkrankheit **5** kleine einheimische Eule **6** schwarzer
Vogel **7** männliches Wildschwein **8** Froschart **9** großer
Zugvogel **10** Tier, das die Körperfärbung wechselt **11** großer
Käfer **12** Eulennahrung **13** Raubvogel **14** Nahrung der
Schmetterlinge **15** Sammelwort für Mäuse, Ratten, Biber

1	2	3	4	5	6	7	8	9	10	11	12	13	14	15

2 Der Lückentext erzählt euch mehr. Recherchiert, auch im Internet! Ergänzt:

Für ihre Arbeit als Naturschützer wurden der Eulenvater und seine Frau Erna mehrmals

ausgezeichnet. Vor über _____ Jahren erdachte er ein _____ *zeichen* ,

eine schwarze _____ *eule* auf gelber Fläche. Diesen Vogel wählte er aus, weil

er ein nützlicher _____ *jäger* ist und nicht Unglück oder Tod bringt, wie mancher

behauptet. Heute ist das Symbol deutsches *Naturschutz* _____ .

In Bad Freienwalde errichteten die Naturschützer 1946 ihr „Haus der Naturpflege". Sie

legten in mühevoller Arbeit einen Schau- und *Lehr* _____ mit über 1000 Pflan-

zen an. Gäste können ein *Naturschutz* _____ besuchen, einen

pfad entlang laufen oder eine *Storchen* _____ besichtigen.

3 Ehrenamtliche Naturschützer haben viel zu tun. Informiert euch und notiert:

Auf den Spuren interessanter Leute

1 Diese „Spuren" erzählen von interessanten Leuten in Brandenburg.
Ergänze die Abbildung! Schreibe oder zeichne!

2 Findet einen interessanten Menschen, von dessen Leben und Tun ihr
in Brandenburg „Spuren" entdeckt habt! Dokumentiert hier!

Im Frühling

Vieles entdecken und tun – allein,
zu zweit oder in der Gruppe:

Was machst du da?

Ein „Frühlings-Veilchen-Duftbild"

Zusammen-hang erklären

Entwicklung beschreiben

vergleichen, bestimmen

Das versuche ich mal: ....

....

....

....

....

Im Buchenwald gefunden

1 Klebe hier die Bilder von S. 79 ein! Notiere, was du entdeckst! Begründe!

<table>
<tr><td>Buchenwald
im März</td><td>Buchenwald
im Mai</td></tr>
</table>

....

....

....

....

2 Zeichne oder klebe hier Dinge ein, die du im Buchenwald finden kannst!

Eine Frühlingsgeschichte „Am Wasser" schreiben

1 Das ist eine Frühlingsgeschichte über

....

Ich habe so eine Geschichte an diesem Ort schon einmal

erlebt: ....
<small>Ort</small>

Frühling am Wasser

....

....

....

....

2 Ihr könnt nach diesem Muster auch andere Frühlingsgeschichten gestalten. ☆

Aus dem Leben der Frösche erzählen

1 Beobachtet mehrmals Wasserfrösche an einem kleinen Gewässer!

Mit etwas Geduld könnt ihr erkunden, wie die Wasserfrösche leben.

• Nummeriert die Bilder in richtiger Reihenfolge! Ergänzt die Beschriftung:

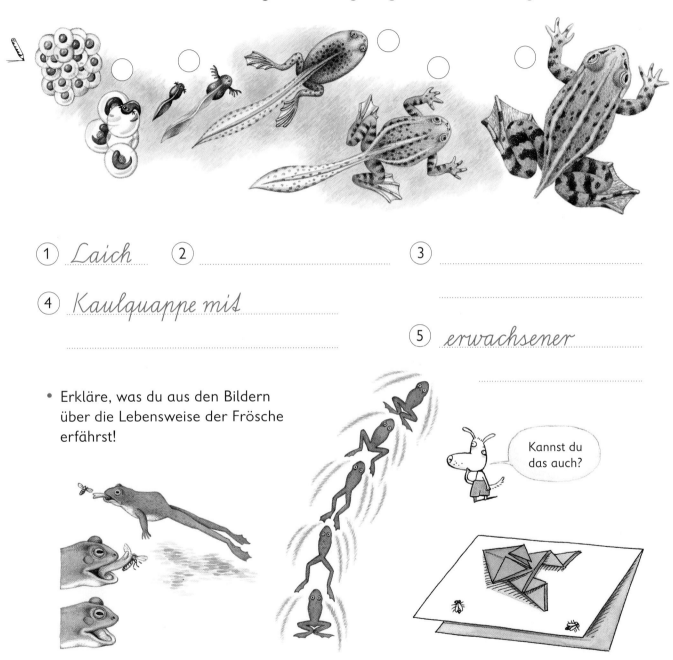

① *Laich*   ② ....   ③ ....

....

④ *Kaulquappe mit*

....

⑤ *erwachsener*

....

• Erkläre, was du aus den Bildern über die Lebensweise der Frösche erfährst!

Kannst du das auch?

2 Gestalte eine Klappkarte mit einer Froschgeschichte!

Seitenverweis zu LB *Entdecken • Erleben • Handeln* 4: S.72–75, Ausgabe Berlin: S. 75–77

Einem Regenwurm zusehen

1 Setzt Regenwürmer in ein Glas! Beobachtet sie etwa zwei Wochen! Bringt sie danach wieder ins Freie!

So wird es gemacht:
- Glas abwechselnd mit Erde und mit Sand füllen, jedesmal mit wenig Wasser besprühen,
- Regenwürmer vorsichtig hinein gleiten lassen,
- oberste Erde mit abgestorbenem Laub bedecken,
- Glas mit Tuch abdecken.

Ihr braucht:
- 1 großes Konservenglas
- 1 Tuch zum Abdunkeln
- 1 Sprühflasche mit Wasser
- Sand, gesiebte Gartenerde
- abgestorbenes Laub
- 3–4 Regenwürmer

Beobachtungen:

....

....

....

....

....

2 Betrachte einen Regenwurm genau und zeichne ihn!

3 Begründe in Stichpunkten das Verhalten des Regenwurms!

....

....

....

....

....

Als Heckenforscher unterwegs

1 Ergänze den Lückentext und die fehlenden Nummern im Bild! 🥜

Im Frühjahr blüht die Schlehenhecke ①. In der Strauchschicht sind auch Weißdorn ②,

Rosen ③ und Pfaffenhütchen ④ zu entdecken.

Die Hecke ist dicht gewachsen, so blühen die Kräuter vor allem am Rande. Sie heißen

Efeu-Gundermann ⑤, Zaun-Giersch ⑥ und Wiesen-Kerbel ⑦.

Viele Tiere leben gern in der Hecke. Die .... ⑧ baut ihr Nest

zwischen den Wurzeln, die .... ⑨ ihr Nest in den Zweigen.

Ein .... ⑩ findet hier reichlich Nahrung. ⑪

summen. In der Dämmerung hüpft die .... ⑫ aufs Feld.

2 Erkunde, warum Hecken nützlich sind! Schreibe Stichpunkte:

....

....

....

....

3 Sucht in eurem Wohnort nach Hecken! Fotografiert sie und gestaltet einen Heckenkalender für ein Jahr! 👥🎨

Oktober — November

Unsere Welt

Vieles entdecken und tun – allein,
zu zweit oder in der Gruppe:

Komm, wir gestalten unsere Welt …

… wie sie uns gefällt.

AKTION SAUBERER SCHULHOF

entwerfen

AKTIONS-PLAN UMWELT

Aktionsgruppen gründen

NACHRICHTEN

kommentieren

Darüber möchte ich diskutieren: ....

....

....

....

....

Idee für einen Friedensbaum

1 Auf dem Kindergipfel 2000 legten Kinder den Erwachsenen einen Zukunftsvertrag vor. Darin haben sie ihre Wünsche und Forderungen, aber auch ihre Selbstverpflichtungen zusammengefasst.

- Entwickelt selbst Ideen zum Vertragsthema „Friedliches Miteinander"!
- Jeder kann seine Forderungen und seine Selbstverpflichtungen in den Friedensbaum schreiben!

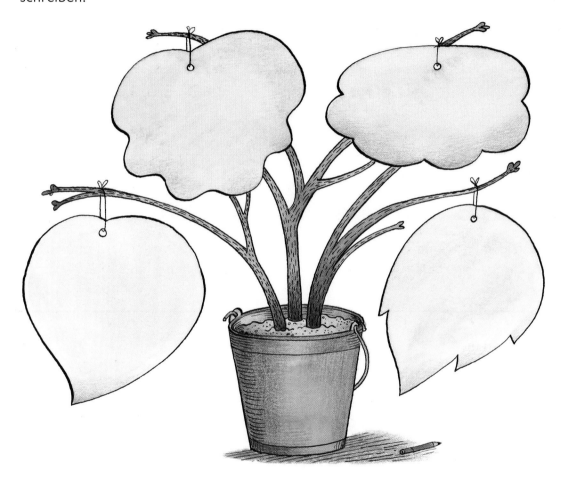

- Jeder liest seine Idee zum friedlichen Miteinander vor und begründet!

2 Ihr könnt auf dem Schulflur mehrere Friedensbäume gestalten.

- Hängt an die Bäume farbige Blätter mit euren Forderungen und Verpflichtungen.
- Bittet alle Kinder der Schule um ihre Ideen!

Ideen für die Umwelt

1 Diese Fotos zeigen Probleme in unserer Umwelt. Sammle dazu Informationen und Fakten! Klebe oder schreibe eine Schlagzeile auf und schreibe dazu einen Kommentar!

Zeitung

Internet

Zeitschrift

Fernseher

Radio

Noch ein Foto.

2 Auf dem „Klima-Kindergipfel 2001" legten Kinder einen Klima-Appell vor. Sie schrieben darin Forderungen und Selbstverpflichtungen auf:

Wir fordern, mehr Energie von der Sonne, aus Wasser- und Windkraft zu gewinnen.

Wir verpflichten uns, Energie zu sparen und andere dazu anzuregen.

Unser Thema ....

Wir fordern

Wir verpflichten uns

Führt selbst einen Kindergipfel durch!

• Überlegt, wem ihr eure Gedanken mitteilen könnt und wollt!

Mit Medien leben

Vieles entdecken und tun – allein,
zu zweit oder in der Gruppe:

Ohne Medien läuft heute nichts mehr.

Doch, unser Wasserhahn.

sehen, hören

beurteilen

✎ Darüber will ich Neues erfahren: ....

....

....

....

....

recherchieren, präsentieren

Fernsehen beurteilen

1 Sieh dir eine Fernsehsendung an, die du zufällig gerade einschaltest!

Name: .... *Sender:* ....

Kreuze danach an, wie du die Sendung fandest, ergänze noch! Begründe auch!

☐ wichtig	☐ verständlich	☐ ergreifend
☐ trickreich	☐ unterhaltend	☐ spaßig
☐ lehrreich	☐ interessant	☐ ....
☐ nützlich	☐ spannend	☐ ....

☐ uninteressant	☐ unklar	☐ schlecht
☐ beängstigend	☐ humorlos	☐ einfallslos
☐ langweilig	☐ grausam	☐ ....
☐ unwichtig	☐ gefährlich	☐ ....

Zähle die Kreuze zusammen! Anzahl: ☐ ☐

Zählt nun die Kreuze aller Kinder zusammen! Tragt die Zahl hier ein! Diskutiert zum Ergebnis! ☐ ☐

> In einer Fernsehkritik sagst du, was dir gar nicht gefällt.

2 Wähle eine Sendung gezielt aus und schreibe eine Fernsehkritik! Die Sendung heißt:

....

Sendezeit: .... Sender: ....

Meine Fernsehkritik: ....

....

....

....

....

....

> Du kannst aber auch aufschreiben, was gut war.

Bewerte die Sendung in der Skala mit einem Pfeil!

Lies deine Fernsehkritik vor! Begründe dein Urteil!

3 Eure Fernsehkritiken könnt ihr den Sendern schicken, darüber diskutieren, …

Medien nutzen und selbst machen

1 Jeder kreuzt Medien an, die er nutzt!
Wertet aus: Wie viele Kinder
nutzen das Buch, das Radio, …?
Zeichnet das Säulendiagramm!

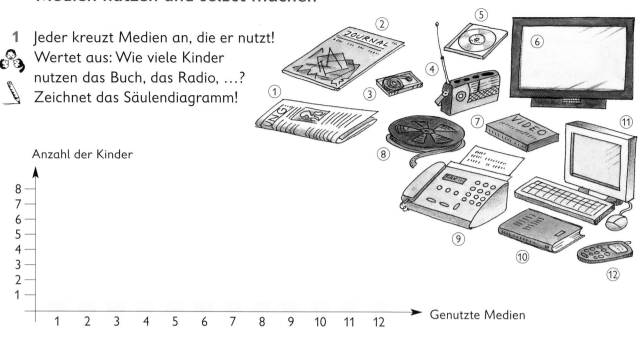

Anzahl der Kinder

```
8
7
6
5
4
3
2
1
   1  2  3  4  5  6  7  8  9  10  11  12    Genutzte Medien
```

2 Welche Medien nutzt ihr oft, welche wenig? Diskutiert! Nennt Gründe:

....

....

....

Vergleicht auch mit anderen Gruppen!

Ich nutze Medien zum Lernen …

… und ich zur Unterhaltung.

3 Schreibe hier auf, wofür du Medien nutzt! Ordne zu und trage ein:

sehr oft	oft
manchmal	gar nicht

4 Vergleicht untereinander und beratet: Wofür kann jeder Medien noch nutzen?

5 Informiert euch genauer über ein Medium, auch über seine Vorzüge und Mängel! Tragt hier Informationen (Bild und Text) zusammen:

Präsentiert den anderen euer Spezialwissen!
Verwirklicht dazu eine eigene Medien-Idee!

Oder ein Medienmarkt.

Eine Medienausstellung ist spannend.

6 Auch eine Presseschau ist interessant, zum Beispiel zu dem aktuellen Thema:

....

- Jeder wählt einen Zeitungsartikel aus und markiert wenige wichtige Sätze!
- Schneidet den markierten Abschnitt aus und klebt ihn hier auf!
- Klärt in der Gruppe Wörter und Sätze, die ihr nicht verstanden habt!
- Lest eure Sätze in der Klasse vor! Ihr könnt darüber diskutieren.

Werbung untersuchen und selbst machen

1 Untersucht Werbung für Süßwaren:

Denkt euch zuerst Fragen dazu aus:

An wen richtet sich die Werbung?

....

....

....

....

2 Wählt eine Werbung aus und untersucht sie mit euren
Fragen! Diskutiert und notiert hier euer Ergebnis:

....

....

....

....

....

Hier kannst du
ein Beispiel für
Werbung aufkleben.

3 Was meinst du zur Werbung für Süßwaren?
Du kannst hier Stichpunkte für eine kurze Rede notieren:

....

....

....

4 Gestalte eine Werbung nach deinen Vorstellungen! Lege vorher fest,

• wofür du werben willst: ....

• an wen sich die Werbung richtet: ....

> Und ich für mein Lieblingsbuch.

> Ich werbe Kinder für meinen Sportverein.

5 Stellt alle Werbeseiten im Klassenraum aus!
Diskutiert über den Inhalt und die Gestaltung einzelner Seiten!

Für Knobler und Umweltdetektive

1 In der Umwelt gibt es immer Neues zu entdecken und zu erforschen.
Ordne der Abbildung Themen zu und klebe sie auf. Du findest sie auf S. 79.

Unser Thema:

Unsere Projektgruppe:

Unsere Fragen/Probleme:

Organisation:

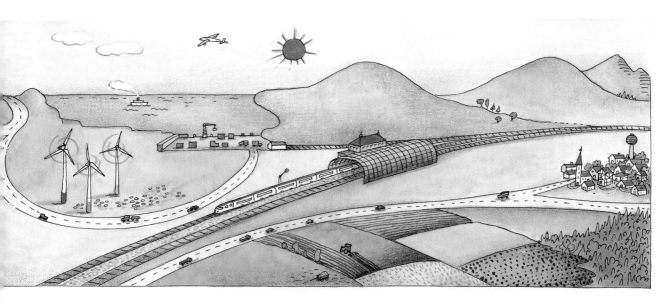

2 Wählt ein Thema für ein Klassenprojekt aus!
Vervollständigt die Übersicht und organisiert die Arbeit!

Meine Rätsel- oder Knobelaufgabe für die Klasse:

So sind Naturdetektive
ausgerüstet:

Ein Rätsel für dich:
Bewegt ständig die Flügel
und ist doch kein Vogel.

?

Umweltpass   Symbol

Name ....

befasste sich mit dem Thema:

....

....

Der/die Passinhaber(in) be-
wies, dass er/sie sich umwelt-
gerecht verhalten kann.

Siegel   Unterschrift

Im Sommer

Vieles entdecken und tun – allein,
zu zweit oder in der Gruppe:

Ich gehe zum
Hundestrand.

Sonnencreme
nicht vergessen!

basteln

experimen-
tieren

✎ So möchte ich den Sommer genießen: ....

....

....

....

....

kombinieren

Unter dem Dach der Buche forschen

1 Was mag das sein? Unter der Krone der Buche sind viele Geräusche zu **hören**. Verbinde Wörter und Bilder mit Pfeilen! Finde weitere Wörter!

2 Manchmal **siehst** du an der Buche kein Tier und erkennst doch, dass es hier lebt. Woran? Kreuze solche „Spuren" im Bild an und ordne das Tier zu (Pfeil)!

nagen

rascheln

schwirren

gurren

fauchen

kratzen

3 Untersucht den Boden unter einer Buche nach Kleintieren! Findet ihre Namen heraus und ordnet diese in die Tabelle! Informiert euch über diese Kleintiere!

Im Falllaub leben	Im Humusboden leben

4 Unter dem Dach der Buche finden sich viele Tiere ein. Versucht das zu erklären!

Waldtieren auf der Spur – vom Boden bis zur Baumkrone

1 Seht die Bilder genau an! Vermutet, warum dieses Tier im Wald gut leben kann! Schreibt dazu Stichpunkte auf!

Wer solch ein Haus wie ich besitzt,
wer keck im Tannenwipfel sitzt,
sieht überm Wald die Wolken gut
und schaut dem Förster auf den Hut.

Josef Guggenmos

Name:

2 Schreibe Namen von anderen Tieren auf, die gut im Wald leben können:

Buntspecht

3 Sammelt Bilder und Texte über diese Waldtiere! Überlegt, wie ihr das Material ausstellen wollt, zum Beispiel:
• für jedes Tier Kärtchen aufstellen, Material auslegen oder …

4 Wähle zu einem Tier Material aus! Gestalte damit ein eigenes Blatt!

Am Wasser beobachtet – Eisvogel und Haubentaucher

1 Lies den folgenden Text genau! Markiere oder unterstreiche im Text mit 4 Farben:
- die Nahrung des Eisvogels,
- wodurch sein Körper gut an die Nahrungssuche im Wasser angepasst ist,
- wo der Vogel seine Jungen aufzieht,
- was er in seinem Lebensraum braucht.

Von Bäumen und Sträuchern stürzt sich der Eisvogel
mit angelegten Flügeln ins Wasser, um Beute zu fangen.
Zielsicher ergreift er mit seinem langen Schnabel
Insekten und kleine Fische. Sein kurzer Körper und
die kräftigen Flügel eignen sich gut zum Tauchen.
Er gräbt in lockere Steilufer einen oft meterlangen Gang,
an dessen Ende sich ein Kessel befindet. Darin zieht er
seine Jungen auf, die nach 3 Wochen Brutzeit schlüpfen.

2 Haubentaucher sind Wasserspezialisten. Lies nach (Lexikon, Sachbuch) und ergänze:

- Nahrung: ....

- Nahrungssuche: ....

  ....

- Nest (Standort, Material, Gelege): ....

  ....

- Körpermerkmale: ....

  ....

- Der Haubentaucher ist ein Wasserspezialist, weil ....

  ....

3 Gestaltet eine Anschauungstafel: Der See (Bach, Fluss) und seine Bewohner

Seitenverweis zu LB *Entdecken • Erleben • Handeln 4*: S. 72–75, Ausgabe Berlin: S. 74–77

Erkunden, wo der Kleine Fuchs lebt

Wir sehen die Blüten mit der Lupe an.

1 Der Kleine Fuchs sucht wie andere Schmetterlinge gern Wiesen- und Gartenblumen auf, um Blütennektar zu saugen. Erkundet ihre Namen!

N

W

L

N

S

2 Bevor sich der Kleine Fuchs zum Falter entwickelt, braucht er unbedingt diese Pflanze.

Sie heißt: ....

3 Vermutet: Wo findet der Kleine Fuchs diese Pflanze **häufig**, wo **selten**? Markiert in 2 Farben:
Vorgartenrasen, Feldrand, Fluss-, Seeufer, Waldrand, Sport-platz, Weide, Waldwiese, Garten, Straßenrand, Bahndamm.
Prüft eure Vermutung: Sucht die Pflanze in eurer Umgebung und notiert Orte, wo ihr sie entdeckt habt:

....

....

....

4 Der Kleine Fuchs verwandelt sich: Beschrifte die Bilder! Erkläre den Lebensweg des Kleinen Fuchses!

5 Wie kann der Lebensraum von Schmetterlingen erhalten werden? Was könnt ihr tun? Sammelt dazu auch Material!

Marienkäfer in den Garten locken

1 Schreibe passende Texte in die Sprechblasen! Erzähle dann zu den Bildern!

2 Die Idee mit dem Siebenpunkt hatte Willi, als er in seinem Insektenbuch las.
Über Marienkäfer wurde viel erforscht. Findet dazu Informationen:

Der Käfer frisst vor allem

....

Die Käferlarve frisst bis zu

1300 ....

Die Larve verwandelt sich in

eine ....

Ein Weibchen legt im Juni

bis zu 800 ....

So sieht der Käfer aus:

Käfer überwintern in

....

....

Die Eier werden auf

....

.... abgelegt.

Der Käfer wird .... mm groß.

Die rote Farbe warnt

....

....

Ihr könnt noch weiter forschen:
• wie der Käfer auch genannt wird: ....
• ....

3 Hast du eine Idee? Zeichne oder schreibe:

Nicht gesät und nicht gepflanzt

1 Untersuchen/Entdecken: Was steckt im Inneren dieser ungiftigen Strauchfrüchte?
Schreibt ein Kurzprotokoll:

So gehen wir vor: ....

....

....

Holunder   Vogelbeere   Heckenrose   Weißdorn

Wir haben entdeckt: ....

....

2 Vermuten: Wie werden diese Pflanzen verbreitet? Betrachtet das Bild:

....

....

....

....

....

3 Untersuchen/Ausprobieren: Betrachtet eine
Klette unter der Lupe! Hier kann sie jeder zeichnen:
Werft die Kletten an Stoff! Vermutet und notiert,
wie sich diese Pflanze verbreiten könnte:

....

4 Sich informieren: Lies nach und notiere,
wie diese Waldtiere zur Pflanzenverbreitung
beitragen!

....

....

....

Seitenverweis zu LB *Entdecken • Erleben • Handeln 4*: S. 64/65, 71

Feuer, Licht und Wärme von der Sonne untersuchen

1 So werden seit jeher Fackeln für das olympische Feuer entzünden. Läufer tragen sie in die Olympiastadt.
Probiert mit Lupe und Sonnenlicht die Kerze zu entzünden!
Bittet Erwachsene um Hilfe! Schreibt auf, was geschieht:

....

....

....

2 Rechnet mit dem Solarrechner! Deckt dann die Solarzelle ab, rechnet weiter und öffnet die Zelle wieder! Was passiert?

....

Findet Gründe für eure Beobachtung! Ihr könnt selbst nachdenken oder einen Fachmann befragen:

....

Sucht und notiert Gegenstände, die ähnlich funktionieren:

....

....

Klar, dass wir im Wald keine Gläser und Flaschen wegwerfen!

Display   Solarzelle

```
AC  7 8 9  ÷  √
MRC 4 5 6  X  %
M-  1 2 3  -  +/-
M+  0 .  =  +  CEC
```

3 Wer gern in einem solchen Haus wohnen möchte, schreibt hier ein:

Wer gern in einem anderen Haus wohnen möchte, schreibt hier ein:

| Warmes Wasser und Heizungswärme durch: |
| *Sonnenlicht* |

Vorteil:

Nachteil:

| Warmes Wasser und Heizungswärme durch: |

Vorteil:

Nachteil:

Vergleicht eure Eintragungen! Ergänzt im „Nachbarhaus" und diskutiert!

Feuerrätsel lösen

1 So zündeten die Urmenschen früher Feuer an. Jeder notiert seine Vermutungen:

Als Material wurde genutzt:

....

....

....

Das Feuer entsteht durch:

....

....

....

Vergleicht! Wenn ihr nicht sicher seid, lest nach!

2 Kreuzt an: In welchem Versuch verlischt das Teelicht?

① ②

Reib mal deine Pfoten! Was entsteht?

Kleine Würstchen?

Führt die Versuche mit Erwachsenen durch! Notiert die Ergebnisse und wertet sie aus:

① ....

② ....

Das Licht verlischt, wenn ....

3 So könnt ihr eine gemeinsame Info-Kette zum Thema „Feuer nutzen" vorbereiten. Formuliert Fragen! Ordnet sie sinnvoll mit Zahlen! Wer antwortet jeweils?

Wofür nutzten früher die Menschen das Feuer?

Wie

Warum ein Fahrrad-Pass nützlich ist

1 Kleiner Schaden – große Gefahr: 3 Schäden am Fahrrad sind hier farbig markiert.
Markiere in jeweils gleicher Farbe 2 mögliche Gefahren! Ergänze noch!

Die Beleuchtung ist ausgefallen.	Das Vorderrad löst sich aus dem Rahmen.	Das Vorderrad ist locker.
Das Fahrrad stoppt erst auf der Kreuzung.		Das Rad wird im Dunkeln leicht übersehen.
	Die Bremse versagt.	
Das Fahrrad bricht aus der Spur aus.	Die Straße ist beim Fahren nicht ausgeleuchtet.	Auf dem Gehweg stoppt das Fahrrad nicht sofort.

2 Die Ergebnisse deiner Fahrradprüfung kannst du in Stichpunkten notieren:

ist fest
ist sauber
arbeitet fehlerfrei

3 Deinen Fahrrad-Pass kannst du in einem Leporello ständig weiterführen:

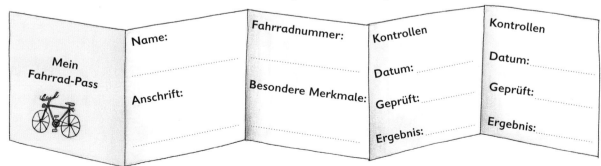

Im Sommer unterwegs – richtig entscheiden, umsichtig handeln

1 Beurteile folgende Situationen im Straßenverkehr!

Schreibe auf, was alle vier Radfahrer zuerst tun sollten! Begründe!

....

....

....

....

2 Spiel zu dritt: Wer entscheidet als Radfahrer schnell und richtig?
Einer stellt Fragen. Wer die Antwort weiß, meldet sich und antwortet.
Du gerätst auf dem Radweg in folgende Situationen. Was tust du?

- Ein anderer Radfahrer klingelt und will überholen.
- Du kommst an die Kreuzung. Die Ampel zeigt Grün, aber ein Auto
  will nach rechts abbiegen.
- Du näherst dich einer Kreuzung ohne Ampel.
- Der Radweg wird plötzlich zu einem gemeinsamen Rad- und Fußweg.
- Ein Auto parkt auf dem Radweg.
- …

Wie findet ihr meine Idee?

3 Betrachte die Radfahrerinnen/Radfahrer! Überlege, warum sie sich so verhalten!
Vervollständige dann die Bilder!

 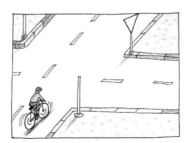 

Die eigene Aufmerksamkeit testen

1 Lies den Zeitungsartikel!
Schreibe die Ursache für den Unfall auf:

....

....

....

....

Kind lief gegen Bahn

Schwer verletzt wurde ein elfjähriges Mädchen, das am Mittwoch im Haltestellenbereich des Platzes der Republik ein Gleis überqueren wollte und dabei gegen eine anfahrende Straßenbahn lief.

2 Testet eure Aufmerksamkeit, erfasst rasch Verkehrssituationen:
- Legt über alle 3 Bilder, ohne sie vorher anzusehen, ein Löschblatt!
- Arbeitet nacheinander zuerst mit Bild 1, dann mit 2 und 3:
- Deckt das Bild kurz auf und wieder ab und ergänzt Luzies Satz:
- Prüft nun: Seht das Bild gemeinsam gründlich an!

Fußgänger/ Radfahrer müssen unbedingt auf … achten.

3 Wie schnell reagierst du?

Zuckball
(7 Kinder)

Spielregel: Sechs Kinder stehen im Kreis, die Hände auf dem Rücken. In der Mitte steht ein Kind mit einem Ball. Es wirft den Kindern den Ball zu, diese müssen ihn fangen. Plötzlich täuscht es den Wurf nur vor, das Kind gegenüber darf sich jetzt nicht bewegen. Wer den Ball nicht fängt oder sich beim Täuschen bewegt, geht in die Mitte.

Verkehrswürfel für
Radfahrer (3 Kinder)

Spielregel: Beklebt einen Holzwürfel mit Verkehrszeichen (Muster). Wer ein Zeichen würfelt und es richtig erklärt, erhält einen Punkt.
Wer dasselbe Zeichen noch einmal würfelt oder ein Zeichen falsch erklärt, gibt den Würfel weiter. Es gewinnt, wer die meisten Punkte erreicht.
Ihr könnt auch wieder neue Zeichen aufkleben.

Bist du fit für die 5. Klasse?

Ideen, um unser Wissen zu testen:

Gesund und fit von A-Z!

A wie Armkreisen
B wie Ball spielen
C wie Chinakohl
D wie … …
Begründe!

Jahreszeitenquiz:

Wie ist das Wetter im Frühling (Sommer, Herbst, Winter)?

Wie lebt ein Frosch vom Frühjahr bis zum Winter?

Meine Idee:

So arbeiten wir zusammen:

....

....

....

So will ich sein:

....

....

....

Macht's gut!

Ein Spiel:

Jeder nennt seinen Vornamen, ein Tier mit gleichem Anfangsbuchstaben und zeigt eine passende Geste.

Inge – Igel.

Nun bilden alle einen Kreis. Ein Kind tritt in die Mitte. Alle stellen sein Tier wortlos dar.

Nun kommt der Nächste und so weiter …

S. 25

S. 27

| 1 | 2 | 3 | 4 |

S. 49

Energie	Wasser	Industrie	Lärm	Stadt
Landwirtschaft	Technik	Verkehr	Luft	Müll

S. 64/65